Aprende, Emprende, Crece- con Yoga Personal

Diviértanse en el Proceso

CAROLINA HERRERA FLÓREZ

ISBN-10: 1719189439
ISBN-13: 978-1719189439

DEDICACIÓN

Su respiración, su mente y su cuerpo con y sin la esterilla.

Este libro esta dedicado para todos los yogis que quieren divertirse, y crecer una práctica personal de yoga

CONTENIDOS

AGRADECIMIENTO

Quiero expresar mi gratitud a todas aquellas personas que me apoyaron, debatieron, leyeron, escribieron y ofrecieron sus comentarios. Permitiéndome citar sus palabras, me ayudaron a editar, corregir y diseñar este libro.

"Comunicarse, moverse y respirar con o sin la esterilla
– es un arte personal de vida"

Carolina Herrera Flórez

1.   ESTOY EN MI LUGAR FELIZ

Soy Carolina Herrera y nací en Bogotá, Colombia. Si bien compartimos el mismo nombre, no soy la famosa diseñadora de modas. Soy una instructora personal de yoga y una asesora experta en salud, que ha dedicado su vida a aprender sobre salud y bienestar. Nací en una familia pequeña cuyas relaciones se basan en la fe y la solidaridad. De niña, contemplar cuán grande era el mundo siempre ocupaba mi mente curiosa. Tuve el privilegio de viajar algunas veces con mi familia, ir de vacaciones todos juntos fue muy importante durante mi crecimiento. Pasar tiempo con mis seres queridos y hacer lo que mejor hacía; viajar y aprender sobre diferentes aspectos del mundo y sus lugares, era fascinante.

Como familia, siempre disfrutamos todo tipo de viajes; en automóvil, en avión, a caballo, en bicicleta, también en barco. Recuerdo, no obstante, que esta no fue una tarea fácil para mí. Tanto mi madre como mi padre, parecían tener una energía inagotable que aun hoy los sigo admirando por esta razón.

Levantarme a las 6 a.m. nunca fue fácil para mí. Comer sano no estaba en mi código y mantenerme activa era algo que tenía que hacer tan solo para ser parte de mi familia y poder viajar. Puedo decirles que no era algo que disfrutase realmente. En mi adolescencia, fui a la secundaria y en mi último año, mis padres me enviaron como estudiante de intercambio a Minnesota, era la oportunidad de aprender un idioma diferente. Mudarme tan lejos de casa fue mi valiente decisión a los 15 años y le agradezco a mis padres por permitirme esa experiencia. Aprendí que lo que sabía del mundo era sólo mi versión. Esta fue la primera vez que recuerdo haber estado confundida por cuán grande realmente es el mundo, a través de este nuevo lente, asimile cuán enorme es el planeta tierra, esto abrió mi horizonte y me permitió aprender sobre las oportunidades que otro país podía ofrecerme.

Decidí quedarme en los Estados Unidos y aprender. Trabajé diligentemente en la Escuela de Enfermería, me gradué y obtuve algunos trabajos que me llevaron al camino que recorro actualmente. Luego de trabajar en la industria de la salud por más de una década, logré entender tres claves. 1. El bienestar , 2. El yoga, 3. Que dice la ciencia de la yoga?

El bienestar

El bienestar guía mi entendimiento de lo que debo planificar diariamente y me ayuda a lograr el nivel óptimo de funcionamiento. Esto puede incluir bienestar financiero, emocional y físico. Todos los días, todos los meses y los años, las cosas cambian y seguirán cambiando a medida que continúo el proceso de envejecimiento humano.

El yoga

Entré en contacto con esta práctica espiritual hindú en Minnesota a medida que comenzaba a aparecer comercialmente en diferentes estudios hace unos 12 años. Vivía en esta ciudad en ese entonces y debido a los largos y fríos inviernos, me uní a algunos estudios de yoga cálido. Me encantaba la forma en que me sentía después de cada visita, lo que despertó mi interés por el yoga.

Hace 12 años, no era la persona que soy ahora. Al iniciar mi carrera de enfermera, fumaba y pesaba 30 libras más de lo que peso ahora. Estaba lejos de mi familia, viviendo en un país distinto, acostumbrándome al clima frío y adaptándome a otra cultura, sinceramente no me sentía bien.

Estoy agradecida por haber podido reconocer todas las cosas positivas que me rodeaban. Siempre estaba motivada a buscar apoyo, era sociable, de esta manera, me uní a un maravilloso club de salud. Me rodee de personas estupendas. He tenido el placer de conocer cientos y cientos de personas y puedo decirles que ninguna de ellas se ha negado nunca a ayudarme, siempre solicitas de forma significativa. Este es un reconocimiento a todas las familias que me acogieron bajo sus alas, ofreciéndome un hogar y una familia de la cual formar parte durante mi proceso educativo. Recibí becas y premios que me permitieron seguir adelante con mis estudios, lo logré con el apoyo de gente realmente amable y fantástica que son mis amigos, que han estado y seguirán estando allí para mí. Una cosa que me he dicho y me seguiré diciendo, es que tengo un cuerpo y una vida y estoy aquí para aprovecharlos al máximo. Ahora comparto mi pasión por el bienestar a través de la antigua práctica hindú del yoga, así como la escritura, las diferentes formas de multimedia y cualquier otro medio que me ayude a difundir mi pasión. Si quiere trabajar personalmente conmigo, por favor contácteme, soy muy feliz ayudando a otros a lograr sus propósitos.

2. PRESENTE

Desde hace un año, he dedicado al menos dos horas diarias a aprender sobre yoga, comprendo que mi viaje es largo porque hay mucho que aprender de esta tradición hindú. En este momento administro mi tiempo para crear un proyecto divertido. Estoy realizando prácticas de 10 minutos y ofreciendo asesoría que incluye la práctica de yoga diaria. Sin embargo, nunca pensé que podría ser una autora. Esta es una forma realmente divertida de mostrarle a lo que me refiero al incluir una práctica personal. Y aquí estoy – haciendo estiramientos y escribiendo un libro.

La práctica del yoga y cualquier otra forma de ejercicio que disfruten, es un proyecto de vida. Envejecemos y todo es diferente en cada etapa. Lo que puede hacer es apoyar su cuerpo estableciendo una conexión consciente con su mente a través del movimiento de los asanas o posturas del yoga.

Los asanas, o posturas y su respiración en la práctica del yoga. En este momento busco comprender más acerca de los aspectos culturales de la tradición del yoga para inspirarme a vivir una vida llena de oportunidades y explorar el bienestar en diversos aspectos de la vida. Veo el yoga como una práctica y una tradición cultural sobre la cual todos los días aprendo. Pero tengo que aceptar que no crecí en esta tradición. Lo que busco es tomar la información y traducirla a una aplicación en mi vida de una forma funcional, y practicar una y otra vez, así mismo compartirla con el mundo. Sigo fascinada sobre lo que es el yoga, lo veo como un aspecto cultural de la tradición hindú que me proporciona una herramienta para practicar la respiración acompañada del movimiento. En mi juventud, rara vez tuve tiempo para tomar aliento, o al menos diez minutos de meditación para mí misma. En el medio en que estaba, cuando se toman diez minutos, se le atribuye una connotación negativa. Con frecuencia los usamos para obtener calma en una situación estresante, o estamos en una situación realmente tensa todo el día y nunca nos tomamos el tiempo para relajarnos. El hecho principal que impulsa mi práctica del yoga es que tengo una certeza: diez minutos de práctica personal de yoga me deja fresca, liviana y me da la oportunidad de mover mi cuerpo conscientemente. Esta es una oportunidad que le puede dar a su cuerpo para disfrutar diez minutos todos los días. Si regularmente asiste a clases de yoga una o dos veces por semana, también si está practicando regularmente con un yogui y quiere tener una clase conmigo en algún momento, entonces esto es para usted. Le añado valor a su práctica del yoga agregando una asesoría de bienestar, desde mi experiencia como enfermera, creando un acercamiento realmente holístico al yoga.

3. YOGA PERSONAL DIVERTIDO

Quiero traerle herramientas divertidas continuamente para practicar la respiración y el movimiento, para crear así, una práctica que su cuerpo agradecerá. Espero guiarle en el aprendizaje, involucrando el arte del movimiento y la respiración, creando armonía en sus vidas. Diseñare su programa individualizado para enseñarle las herramientas y conectarlos con muchos otros aspectos de su ser.

En mi comunidad podremos discutir los mejores instrumentos y para qué sirven. Espero conectarme con otras personas de mi profesión y continuar aprendiendo sobre los efectos científicos del yoga en nuestro cuerpo humano. A sí mismo es aconsejable asistir a clases de trabajo en crecimiento personal y filosofía yoga.

4. LA MENTALIDAD DE UN PRINCIPIANTE EN YOGA

¿Alguna vez ha leído frases recomendándole vivir su historia, hacer lo que le gusta y ser usted mismo? Si esto se identifica con usted, entonces me siento muy feliz de que esté aquí y que esté dispuesto a explorar cómo sería un inicio. Emprender nuevas actividades no sólo es divertido, también le brinda valor a sus viajes personales. ¿Alguna vez ha viajado a un lugar y ha regresado cargado de energía? Si es así, ¡Genial! Felicidades por hacer el trabajo inicial para reconocer que tiene nuevas habilidades, usted es creativo y por lo tanto puede lograr lo que ha soñado. Las grandes metas y los grandes sueños siempre comienzan por un pequeño logro.

Cuando inicia el proceso de aprender algo nuevo, puede encontrar miles de alternativas y es posible que intente persuadirse de no hacer el esfuerzo porque los saca de su zona de confort. Este es un ciclo que sólo puede comprender si usa ese sombrero de principiante.

En el yoga, no importa cuánto haya practicado porque siempre será un principiante, siempre está inclinado a pararse en la esterilla con la mentalidad del aprendiz. Esto es lo que realmente importa al empezar una práctica personal.

Su mentalidad de principiante implica aprender sobre su respiración, mientras se mueve a través de los asanas y comprende que la antigua tradición hindú poco a poco ha emergido en el hemisferio occidental. Una mentalidad de principiante es crucial para usar la esterilla con la habilidad de crear diez minutos o más de flujo personal divertido, pensando en usted mismo. ¿Qué le gusta hacer mientras se enfoca en su respiración? ¿Lo haría luego de un paseo, luego de correr, antes de su masaje, antes de dormir, antes de una reunión, después de una conferencia, en casa o fuera de ella, con música o sin ella? ¿Respirará una vez por movimiento o cinco veces por asana? Las oportunidades son infinitas, así como los beneficios.

La práctica diaria de asanas de yoga mejorará su flexibilidad y fuerza muscular. Este acercamiento consciente al movimiento de su cuerpo al ritmo de su respiración también incrementará el conocimiento de su cuerpo y por lo tanto, su postura puede mejorar. Yoga es una actividad de bajo impacto para su cuerpo y es seguro cuando se practica con la guía de un instructor de su elección. Siempre consulte a su instructor de yoga antes de comenzar una práctica. Si le preocupa alguna condición delicada de su salud, por favor discútalo con su doctor antes de comenzar una práctica diaria de yoga.

No use el yoga para reemplazar la medicina convencional. Siempre consulte a su doctor, coméntele sobre la frecuencia de sus clases, a las que asiste semanalmente. También debería especificar si practica yoga cálido, yoga comercial, yoga por YouTube o incluso mejor, si están trabajando con un entrenador personal o un instructor de yoga. Discuta tanto los beneficios cómo cualquier preocupación, de tal forma que todos los involucrados puedan saber más sobre su cuerpo para tratarlo de forma adecuada y segura.

El yoga abarca prácticas físicas, mentales y espirituales de India, a medida que la práctica continúa creciendo, también le puede interesar saber más sobre el estilo de vida del yogui. Le enseñaré más sobre este estilo de vida en futuros libros.

5. APRENDE

El aprendizaje es un proceso, el aspecto más importante del aprendizaje en yoga es permanecer abierto a la exploración de la habilidad que tiene para enfocarse en su respiración y moverse en consecuencia, para hacer de su movimiento una experiencia divertida y memorable que amen. Aprender en el yoga comienza por ser consciente de su respiración. ¿Cómo se estabiliza cuando no está enfocado en la respiración durante un asana? Idealmente, lo hará con compasión y luego lo repite, se enfoca en su respiración y se mueve nuevamente.

Esta fase en el aprendizaje es probablemente la más difícil, el aprendizaje tiene sentido, cuando su mente está relajada y enfocada en la respiración, realmente no hay nada más que aprender más que continuar con la práctica. El componente de aprendizaje viene luego de la práctica: ¿Qué gano? ¿Cómo se siente?

Pregúntese si vale la pena dedicarle diez minutos.

Si su respuesta es afirmativa, quizás ha estado aprendiendo sobre sí mismo, ha aprendido sobre su respiración y cómo su mente y su cuerpo se conectan. Está cultivando un acercamiento consciente sobre el yoga y sobre usted mismo.

6. EMPRENDE

Esta es su declaración, practicará su yoga personal todos los días.

Consejos para mantener el compromiso.

1. Establezcan tres horas distintas que crea son las mejores partes del día.

Identifique cuál es su favorita y por qué. Ya que necesita planificar la mejor parte de su día, piense acerca de los aromas, el escenario y la música que le gusta. Esto ayudará a su mentalidad de principiante. Luego, elija una hora y comience su práctica personal.

2. Identifique por qué está practicando. ¿Lo hace para ejercitar la meditación? ¿O quizás quiere aprender sobre su respiración? ¿Está interesado sobre los asanas de yoga y lo que su cuerpo puede lograr antes de que llegue allí? ¿O simplemente le gusta cómo se siente luego de practicar yoga? Sus razones son únicamente suyas, así que asumo que son muy

importantes. Por lo tanto, aproveche al máximo sus diez minutos, probablemente es lo mejor que usted puede hacer cada día por sí mismo.

3. Use recordatorios de calendario: afrontémoslo, respirar en una esterilla es probablemente la actividad menos prioritaria en su día. Así pues, estar consciente de un momento del día y crear un compromiso le servirá para el propósito de crear un espacio para la práctica en jornadas ocupadas.

4. Deje que su instructor de yoga los guíe. Como su instructora de yoga, es importante para mí que continúe asistiendo a otras clases. Les sugiero establecer al menos una por semana para que pueda aprender sobre otros tipos de yoga. Es importante crear conexiones con otras personas y compartir la práctica y la respiración en un solo espacio.

7. CRECE

El yoga, es muy complejo definirlo, para nuestra práctica se trata de estirarse, moverse y aprender. Opinar, criticar sobre los éxitos o las fallas es realmente la única forma de crecer.

El proceso de críticas

1. Entienda y practique su yoga como lo planeo: crea una cita en su agenda y use su dispositivo de seguimiento para monitorear el latido del corazón, la respiración y el tiempo.

2. El uso de dispositivos personalizados para monitorear su progreso le ayudará a mantenerse constante con una mentalidad orientada a los resultados, así como a vivir una vida de yoguis. Escoja un momento de la semana o de su día para conectarse a su dispositivo de entrenamiento y monitorear el progreso.

3. Felicítese por todos los éxitos e identifique las áreas en las que aún puede crecer. Pida consejos o más aportes que le ayude a continuar mejorando.

4. Mantenga el contacto con sus entrenadores y compañeros de yoga.

5. Lo más importante: DIVIÉRTASE EN EL PROCESO. Evalúe las áreas que necesita más trabajo, póngase creativo y haga que el proceso funcione para usted

8. SU LEGADO

Lo que aprendí a mis 15

Tenía 15 años cuando dejé mi casa, mis padres, mi familia, mis amigos, mis profesores, mi país y todo lo que me era familiar para ir a un país cuyo idioma no hablaba. ¿Por qué? No estoy del todo segura. El país en el que vivía no estaba en una buena situación, el tema de seguridad era preocupante cuando me fui y no me sentía segura. Siempre me pregunté si el césped era realmente más verde al otro lado de la cerca, así que a mis 15, mi padre me ofreció un trato. ¿Quieres una fiesta de quince años o mejor quisieras elegir un sitio y viajar? Ambas opciones eran atractivas. Tenía muchas amigas que cumplían 15 años en ese entonces, como es la cultura latina, tenía una fiesta de quince años casi todos los fines de semana.

Si bien pensaba que esas fiestas eran muy divertidas,

nunca pensé que me gustaría tener una. Elegí la segunda opción, a donde ir era el dilema. Por favor envíame a Paris, Europa central, a los Estados Unidos, esencialmente alrededor del mundo, dije. La respuesta de mi padre no fue tan glamorosa. Me dijo que podía vivir con un primo de él por un año en Minnesota y no habría más negociación al respecto, esa fue mi primera visita a Minnesota. Recuerdo despedirme y llorar con mi familia y amigos, a quienes extrañaría mucho. Abordé el avión, para mi sorpresa, el clima era tan frío que no podía moverme, estaba usando una chaqueta y unos guantes que mi madre me había hecho, pero aun así me sentía helada. Creo que ese impacto quebró mi termostato interno y quería volver al avión y retornar a mi tierra tropical, a Colombia. Pero ya era demasiado tarde entonces, era imposible, tuve que quedarme.

El impacto de una nueva cultura y nuevas experiencias fue un tanto agridulce. Por primera vez en mi vida experimenté un clima realmente frío. Luego comencé a darme cuenta de todas las diferencias en la comida. Minnesota está ubicado entre lagos y tiene una hermosa comunidad. Hice amigos, aprendí inglés y decidí regresar a Colombia un año después para terminar la secundaria. Lo hice y, luego de un año, estuve de vuelta como estudiante de intercambio, con metas más grandes en mente.

Alguien me dijo que las dificultades forjaban

personalidad. Creo que darme cuenta, entender mi pasión por los viajes ha inspirado mis decisiones de vida y mi amor por el movimiento y el aprendizaje.

Mi historia tiene mucho en común con el yoga. El yoga se ve divertido y los instructores de yoga se mueven con tanta facilidad, parados de manos o torciendo su cuerpo como pretzels. Sus cuerpos parecen saludables y fáciles de manejar. Al pararse en la esterilla, probablemente piensen que la última razón por la que están allí es para aprender sobre sí mismos. Cuando la clase comienza, el instructor de yoga comienza a hablar y a guiar gentilmente los asanas y de

pronto todo el mundo está moviéndose y respirando. El resultado es hermoso, todos están dedicados a su pensamiento, enfocándose en la que la práctica les ofrece. Durante o después de la práctica, aprenden a conectarse con sus mentes, su respiración y su movimiento.

Esto es difícil de hacer, pero cualquier cosa es posible con práctica y dedicación. De niña aprendí que quería poder moverme y viajar, incluso ahora estoy agradecida de haber elegido viajar desde joven.

Su práctica personal de yoga le enseña sobre usted mismo. Relájese y disfrute, mientras está aquí comprometido con ocupar su tiempo personal en armonizarse zen de yoga.

Le ofrezco una clase en línea de yoga personal de 10 semanas, (CYP) sobre la práctica de yoga, personalizado para usted. Estoy aquí para empoderarlo a usar su esterilla y comenzar a trabajar en su legado.

Vaya a www.magentastars.com y compre su clase.

9. UN TRABAJO EN PROCESO

Adaptarme a mis 15 años a todo ese universo me pareció más fácil. A medida que pasan los años, la comodidad comienza a instalarse y la gente comienza a establecer hábitos. Desarrollamos una dulce zona de confort, una zona en la que reposamos, nos afianzamos, la vida es hermosa y los días pasan.

Recuerdo mi pasado. Cuando trabajaba en los hospitales, me di cuenta que la vida es preciosa. Un hospital es un lugar de resistencia, tanto para los pacientes como para el personal de salud. Comencé mi carrera en hospitales como una asistente certificada de enfermería trabajando horas extra. Estaba entre los trabajadores más felices, ir al hospital todos los días y permanecer allí comprometida con labor. El servicio en salud puede llegar a ser una pasión agotadora. Para entonces ya tenía veinte años, hablaba inglés fluido y podía vivir por mi cuenta.

Estaba totalmente entregada a mi desarrollo personal, pero, sin embargo, tenía aún mucho por descubrir. Aunque sabía que servir en un hospital es un trabajo difícil, agotador y exige dedicación, el compromiso de servir y aprender aún estaba allí en mí. Recuerdo las horas de estudio en la escuela de enfermería y la adrenalina en momentos específicos, todo era emocionante, gratificante y agotador a la vez.

Descubrí que era importante comprender el porqué del compromiso que valía el tiempo, la dificultad y el esfuerzo. Para mí es muy importante retribuir y ser parte del equipo de atención en un hospital, de igual manera en mi actual posición como profesional de la salud me resultan maneras perfectas de retribuir. Después de todo, fui adoptada por esta sociedad, sanar y apoyar la sanación es la única forma de servir. Como enfermera, estoy entrenada para estudiar las vías respiratorias, el pulso, la presión sanguínea, para establecer una base de funcionamiento y luego monitorear cualquier altibajo y trabajar con el equipo médico.

En la vida, estoy entrenada para ser flexible, adaptarme a los cambios y aprender tanto como sea posible sobre las experiencias para ajustarme en consecuencia. Respirar es el acto generoso que hacemos con nuestros cuerpos para que se mantengan funcionales. El oxígeno es nuestra fuente de energía para vivir. Si respiramos, estamos vivos.

Entiendo que no necesito estar en un hospital para hablarles sobre la respiración. Busqué educación adicional de yoga por placer, un aspecto que estoy comprometida en desarrollar más. El yoga se trata de respirar. Se trata de mover nuestro cuerpo con nuestra respiración. Este sencillo acto de compromiso constante con la práctica o la afición vale el esfuerzo.

Mantenernos comprometidos puede ser una tarea difícil de lograr, puedo estar allí para ayudarles en el proceso de reconocer cuán importante es moverse y respirar, y cómo trae armonía zen a sus vidas.

10. TECNOLOGÍA Y YOGA PERSONAL

Discutamos sobre el yoga virtual y cómo estamos aquí. Cuando comencé a aprender sobre yoga de forma informal, nunca hubiese imaginado que me expandiría a la instrucción del yoga y a compartir mis conocimientos. Inicialmente, sólo asistía a las clases por beneficio propio. Comencé a tomar clases de yoga como la nueva forma de entrenamiento que estaba creciendo lentamente en mi comunidad. El yoga era esa disciplina de bienestar que practicaba luego de mis trayectos en bicicleta, de escalar, correr, caminar y patinar. Me sentía muy bien practicándolo, pero las aficiones con frecuencia vienen y van o me aburría, o no asistía a clases por semanas o incluso meses hasta que las reiniciaba.

Una vez en verano, me encontré en un estudio de yoga muy querido para mí. Ese día fue inspirador. Luego de una larga jornada de trabajo, ir al yoga era el mayor grado de satisfacción en mi día.

Una vez, luego de la clase, una de las instructoras de

yoga comenzó a hablar sobre por qué practicaba yoga e invitó a otros miembros de mi comunidad a convertirse en instructores para profundizar nuestra práctica y aumentar nuestro compromiso con ella. Esto resonó profundamente en mí porque ya sabía cuán fácil era para mí olvidar el yoga. Así que me inscribí y mantuve mi compromiso durante todo el verano. Mi verano consistió en 200 horas de momentos memorables de yoga cálido en mi esterilla. Fue entonces cuando me di cuenta de cuánto crecimiento me quedaba por delante.

Como instructora de yoga y enfermera, siempre busco balancear mis días para que sean disfrutables. Sé que, con mi pasión por la salud y el bienestar, estoy lista para comprometerme con momentos divertidos de yoga personal. Estoy lista para fusionar el yoga y el bienestar y servir a alguien que esté buscando incorporar algo de yoga personal en su vida. La perspectiva de ser libre de practicar en momentos convenientes para mí dependiendo del día, entender por qué practico y por qué guío a otros a crear su práctica personal me inspira. Tuve dificultades para entender ese concepto. Fue difícil llegar a conseguir mi por qué. Reflexioné sobre mi razón para practicar y querer compartir. Un día comencé a investigar para ver cómo podía conectarme con individuos de mi misma escuela de pensamiento, llegando a descubrir instrumentos que encendieron mi creatividad y ahora puedo decir que le he enseñado exitosamente a individuos que han usado asanas de yoga para incluir al menos diez minutos de práctica personal de yoga en sus días. Puedo decirles que es mi experiencia más satisfactoria hasta la fecha. Veo que algunos de mis clientes han tenido éxitos y fracasos, a pesar de todo continúan completamente involucrados con su aprendizaje, compromiso y crecimiento personal.

Un agradecimiento especial por todo el apoyo que he recibido al escribir y por la inspiración que me han dado todos ustedes yoguis. Este libro, mi trabajo y mi dedicación son para usted.

Namaste

SOBRE LA AUTORA

Carolina usa el yoga para explorar la respiración, el movimiento y para establecer una conexión con su mente y su cuerpo. Es conocida por su estilo de instrucción auténtico y sin prejuicios y por su filosofía centrada en la compasión. Teje una práctica personalizada durante sus clases siempre extrae energía de su trabajo continuo en la salud, el bienestar y la educación terapéutica del yoga de diferentes escuelas. Motiva a una práctica segura del yoga a través del trabajo en una rutina simple. Para Carolina, el yoga es una herramienta que le permite a cada persona aprender a su propio ritmo sobre cómo trabajar el cuerpo. Define el movimiento y la respiración como instrumentos muy poderosos que invitan a llevar un estilo de vida saludable y balanceada.